DEUXIÈME LETTRE DE M. A. MARIETTE

A M. LE VICOMTE DE ROUGÉ

SUR LES

FOUILLES DE TANIS

Extrait de la REVUE ARCHÉOLOGIQUE

PARIS

AUX BUREAUX DE LA *REVUE ARCHÉOLOGIQUE*

DIDIER et C⁰, éditeurs

QUAI DES AUGUSTINS, 35

1862

Droits de reproduction et de traduction réservés

FOUILLES DE TANIS

Du Caire, 30 décembre 1861.

Monsieur,

Les fouilles de Sân, dont je vous ai entretenu dans ma lettre du 20 décembre de l'année dernière, se poursuivent avec activité et ont donné jusqu'ici des résultats satisfaisants. Les monuments découverts sont nombreux, et vous n'apprendrez pas sans intérêt que presque tous sont enrichis d'inscriptions.

Au nombre de ces monuments, je citerai cinq colosses et un groupe sur lesquels j'appellerai plus particulièrement votre attention. Ce sont :

1° Un colosse d'Amenemhê Ier, le fondateur de la douzième dynastie : granit rose. Le pharaon est assis, et porte sur la tête la coiffure d'Osiris. J'ai pu à peine examiner le monument qui, à l'époque où je l'ai visité, gisait encore la face contre terre dans le trou au fond duquel il a été trouvé.

2° Un colosse représentant Osortasen Ier en Osiris, assis comme le précédent : granit gris. Ce monolithe est taillé dans le style nerveux de l'époque. Les bas-reliefs qui ornent le siège sont des chefs-d'œuvre que la gravure des meilleurs temps n'a pas égalés. La tête est un portrait, et rappelle le même Osortasen que j'ai découvert à Abydos : yeux grands, nez rond et court, bouche épaisse et souriante. Du reste, quoique cette belle figure ait un cachet de personnalité auquel il est impossible de se méprendre, on trouve dans l'Osortasen d'Abydos et de Sân une incontestable parenté avec les statues de l'Ancien

Empire, c'est-à-dire avec celles de toutes les œuvres d'art de l'antiquité pharaonique qui rappellent le plus exactement le type encore aujourd'hui si fréquent sur les rives du Nil, et qui est le vrai type des habitants de l'Égypte. Rien qu'à voir notre Osortasen, je me crois donc autorisé à affirmer que ce roi fut un roi égyptien en Égypte; mais je craindrais peut-être d'en dire autant de certains autres souverains, de Ramsès II par exemple, dont la tête héroïque si vivante encore à Ibsamboul et à Turin n'a rien de fellah.

3° Un colosse assis de *Ra-scha-nefer Sévekhotep*, le Sévekhotep III de la treizième dynastie : granit rose. Les légendes de ce monument usurpé par Ramsès II sont presque illisibles, et c'est à peine si on peut les reconnaître sous les hiéroglyphes gauchement taillés dont le fameux conquérant de la dix-neuvième dynastie a recouvert la statue.

4° Un colosse d'un Sévekhotep qui se montre ici pour la première fois et qui a pour prénom le prénom d'Osortasen II : *Ra-scha-kheper*. Granit rose. Le pharaon est représenté assis, et, comme les deux premiers colosses, il est revêtu des insignes d'Osiris. Jusqu'à ce que les monuments nous aient permis de mettre ce nouveau roi à son rang dynastique, nous inscrirons un Sévekhotep VI parmi les pharaons qui composèrent la treizième dynastie.

5° Je terminerai cette énumération par la mention d'un cinquième colosse. Celui-ci est de granit gris, et dès le premier abord frappe tellement l'attention par sa ressemblance comme travail d'art, comme dimensions, comme matière, comme inscriptions, avec la statue de Ra-smenkh-ka dont je vous ai entretenu il y a un an, que l'on croit avoir cette statue elle-même sous les yeux. Mais le nouveau colosse de Ra-smenkh-ka a sur le premier deux avantages. D'abord il porte comme lui, sur l'épaule droite, les cartouches du roi Hycsos

Apophis, et cette fois on les lit : 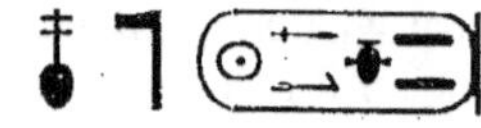

 . *Neter-nefer, Râ aa het teti, si Ra, Apepi*. Ensuite il nous fait connaître la légende complète de ce même Ra-smenkhka, que les inscriptions nous montrent en cette forme :

 , *Neter-nefer, Ra-smenkh-ka, si Ra, Mer-meschou*. Mer-meschou, c'est-à-dire *le général*, est donc le nom propre si vainement cherché du roi que nous n'avions pu appeler

jusqu'ici que Ra-smenkh-ka. Je n'ai pas besoin de vous faire remarquer ce que ce nom royal a de singulier. Qu'est-ce en effet que ce général qui se sert de son seul titre pour composer son cartouche-*nom?* Les
grands prêtres qui enlevèrent le pouvoir aux derniers Ramsès usè-
rent d'un procédé analogue ; mais ces usurpateurs ne cachèrent pas
leur nom, et s'ils incrivirent leur dignité dans un cartouche, on
notera comme une différence radicale que ce fut dans un cartouche-
prénom. Il y a donc là un petit problème que de nouvelles découvertes nous permettront seules de résoudre. En attendant, je ferai
remarquer que le nom de *Mer-meschou* semble révéler certaine
conspiration militaire et des troubles qui, vers la fin de la quator-
zième dynastie, auront pu rendre plus facile la conquête de l'Égypte
par les Pasteurs. — Les cartouches du colosse de Mer-meschou,
comme ceux des quatre colosses précédents, sont d'ailleurs arrivés
jusqu'à nous parfaitement intacts.

Quant au groupe qui me reste à citer, il est de beau granit gris
et représente deux personnages debout, de grandeur naturelle ; je
vous en envoie les dessins. — La parenté de ces personnages avec
les quatre sphinx que la *Revue archéologique* a publiés est évidente :
c'est la même figure que les artistes ont reproduite de part et d'autre.
On dira sans doute que les têtes du groupe n'ont pas été traitées avec
ce sentiment de vive personnalité qui fait de la face de l'un de ces
quatre sphinx un modèle accompli de sculpture, modèle certainement digne du beau temps des Osortasen. Mais tous ceux qui verront
la double statue que les fouilles de Tanis viennent de faire sortir des
décombres, admireront dans le torse et dans ce qui reste des jambes
une habileté vraiment surprenante. Quoi qu'il en soit, rien n'est
moins contestable que l'unité d'origine du groupe et des sphinx, et
c'est ainsi que les investigations poursuivies dans les ruines d'Avaris
nous ont rendu cinq monuments de l'art original des Pasteurs. — Du
reste, à voir ces têtes d'une physionomie si puissamment caractérisée,
cette lourde coiffure qui semble une coiffure de femme, cette barbe
épaisse qui encadre les joues et fait saillir le menton, on croirait que
le dernier venu de ces cinq monuments est dû à des étrangers qui
auraient plutôt répudié que conservé les traditions de l'art égyptien ;
en un mot, le premier aspect de notre groupe laisse penser que ce
monument est bien plus asiatique qu'égyptien, fait important pour
les conséquences qu'on en pourrait tirer. Mais la pose des personnages et l'unique vêtement, *la schenti,* qui couvre leur corps, nous
rapprochent tout à coup de l'Égypte, et si l'on se rappelle la statue
du Nil qui fait aujourd'hui partie des richesses conservées au Musée

britannique (1), on ne peut s'empêcher de reconnaître que les offrandes disposées en avant de notre groupe n'ont rien qui s'écarte
des habitudes de la sculpture égyptienne. J'oserai même dire que le
groupe de Sân porte, bien plus profondément qu'on ne le pense, au
premier abord l'empreinte des lieux où les Pasteurs s'étaient établis.
En effet, ce qui donne à la Basse-Égypte son vrai caractère, ce sont
les myriades d'oiseaux aquatiques qui, répandus sur les branches du
fleuve, sur les canaux, sur les lacs, étonnent le voyageur. C'est
dans la Basse-Égypte aussi que le poisson est si abondant, que le seul
droit de pêche sur le Menzaleh est affermé par le gouvernement
actuel pour deux cent cinquante mille francs par an; enfin c'est
dans la Basse-Égypte qu'à la surface des canaux où ils étendent
comme de véritables tapis verts leurs feuilles plates et rondes,
on rencontre les lotus-nénufars (بشنين), plante inconnue aux
autres parties de l'Égypte. Le voyageur ne se trouve donc pas dé-
paysé quand, en arrivant à Sân, il aperçoit le groupe dont vous
avez les dessins sous les yeux. Complétons le tableau par un autre
trait : ne sont-ce pas les plaines du Delta oriental et particulièrement
les environs de Sân qui nourrissent cette population sémitique dont
tous les voyageurs ont constaté l'existence? Loin de sembler étrange,
le groupe de Sân apparaît donc, au sein des ruines où il a été trouvé,
comme dans son véritable milieu. Ce sont les mêmes hommes que
vous avez vus dans votre route, que vous voyez en quelque sorte
sculptés en granit. Les uns et les autres arrivent à vous les mains
pleines de poissons et de gibier sauvage, et autour de leurs poignets
s'enlacent comme d'épais bracelets les tiges des nénufars (2). — Il
ne faut donc pas se laisser prendre au caractère asiatique que semble
revêtir le groupe de Sân. Ce groupe est égyptien d'origine et d'intention. Il a été taillé à la vérité par des étrangers, ou pour parler
plus exactement, il a été taillé pour des étrangers; mais on ne l'étu-
diera pas longtemps sans reconnaître qu'il appartient pour la plus
grande part à l'art qui était en honneur sur les bords du Nil. — Reste
une question à résoudre : celle de savoir de quels personnages le
groupe de Sân offre la représentation. Sont-ce deux rois associés dans
le même acte? Sont-ce deux simples particuliers? Les sphinx que

<hr>

(1) Cette statue a été publiée dans les *Egyptian antiquities of the British-
Museum*, pl. 13.

(2) Sur cette base si fragile serait-il téméraire d'asseoir une donnée historique, et
de la persistance de nos deux personnages à ne s'entourer que d'attributs propres à
la Basse-Égypte, avons-nous le droit de conclure que les Pasteurs ne possédaient
rien au delà?

les lecteurs de la *Revue archéologique* connaissent semblent trancher
le débat en faveur de la première de ces deux opinions; et en effet, si
les sphinx de Sân sont le portrait du roi pasteur qui les fit ériger, il
est évident que notre groupe, dont les têtes ont une ressemblance si
frappante avec celle de ces sphinx, doit offrir l'image du même roi,
et, par conséquent, être un groupe royal. Notons en outre que le groupe
a été orné des légendes d'un Psousennès de la vingt et unième dynastie.
Or il est des exemples nombreux de particuliers qui, dans une
intention facile à deviner, ont fait graver des cartouches royaux sur
leurs propres statues; mais j'admettrais difficilement qu'un roi, à
quelques siècles d'intervalle, se soit plu à enrichir de ses titres la
statue d'un particulier. Jusqu'ici l'origine du groupe de Sân ne serait
donc pas douteuse, et notre groupe, comme les quatre sphinx, serait
dû à l'initiative des rois qui embellirent de leurs images le temple
d'Avaris. J'avoue cependant que cette solution ne tranche pas toutes
les difficultés. Rien de plus naturel qu'une statue de roi érigée dans
un temple; mais qu'est-ce que deux rois accomplissant le même acte,
dans la même posture, et avec le même visage? Sont-ce deux rois
régnant ensemble? Est-ce le fils associé au père, comme Amenemhé Ier
et Osortasen Ier? D'un autre côté, à ceux qui voient le même portrait
royal dans les sphinx et dans le groupe de Sân, ne pourrait-on pas
répondre que ces têtes si expressives sont tout simplement là comme
le type de la nation? La signification du groupe de Sân est donc in-
certaine, et nous devons suspendre notre jugement jusqu'au jour où
les décombres nous livreront, soit la base du monolithe et les inscriptions dont elle est probablement ornée, soit la partie du front de nos
statues où devait se trouver ou ne pas se trouver l'uræus, emblème
irrécusable de la puissance royale.

Tels sont, Monsieur, les principaux d'entre les monuments dont
les fouilles de Sân viennent d'enrichir le musée du Caire. Je suis loin
de dire que la mise au jour de ces monuments constitue une véritable
découverte; mais je mets un certain empressement à faire remarquer
que les colosses et le groupe de Sân nous font obtenir le résultat que,
dans l'état actuel de la science, nous devions précisément le plus
souhaiter, c'est-à-dire la confirmation pure et simple des vues que
je vous ai exposées dans ma première lettre sur la question des
Hycsos. — Du reste, ces produits nouveaux de nos investigations à
Sân n'ont pas tous une valeur égale, ou plutôt ils ne touchent pas
tous aux mêmes questions. Avec les colosses nous nous trouvons en
face de l'irruption des Pasteurs, fait considérable de l'histoire égyptienne que ces mêmes colosses nous aident à mieux apprécier; le

groupe, au contraire, n'a de renseignements à nous donner que sur le genre de civilisation adopté par les vainqueurs après la conquête et imposé au pays vaincu. Les découvertes récentes de Sân ont donc l'avantage de porter la lumière sur deux points à la fois, qu'elles font sortir de plus en plus de l'obscurité au fond de laquelle ils ont été jusqu'ici plongés. — Sur le premier point, les cinq nouveaux colosses ne sont pas moins affirmatifs que la statue de Ra-smenkh-ka. Quoiqu'il soit juste de remarquer, avec M. Devéria (1), que les Pasteurs figurent officiellement dans les listes royales conservées par le papyrus de Turin, il n'est pas moins certain cependant que Manéthon a été l'écho fidèle des annales égyptiennes, et que celles-ci ont jugé les Pasteurs avec une excessive sévérité. Ce jugement est-il celui que l'histoire doit définitivement porter sur la période à laquelle les Hycsos ont donné leur nom? Les colosses de Sân répondront à cette question. Par eux nous saurons, en effet, que loin d'avoir anéanti jusqu'au souvenir des rois égyptiens qu'ils avaient détrônés, les Pasteurs n'ont pas même infligé à leurs cartouches la flétrissure du martelage; que loin d'avoir renversé, démoli ou mutilé leurs statues, ils admettaient au contraire ces mêmes statues à l'honneur de figurer dans leurs propres temples. Parcourez les ruines d'Avaris, et vous n'y trouverez ni un nom de roi, ni même un nom de dieu effacé par les Pasteurs, et cependant combien de traces d'une pareille vengeance ne rencontrons-nous pas à des époques réputées moins désastreuses pour l'Égypte! Si déjà, il y a un an, sur le seul témoignage de quelques monuments épars, nous pouvions dire que l'histoire a mal jugé les Hycsos, à plus forte raison devons-nous donc rendre à ces étrangers la justice qui leur est due, maintenant qu'avec les colosses récemment exhumés du sol de Tanis les preuves sont arrivées plus concluantes et plus nombreuses. — Quant au groupe, une valeur non moins grande doit lui être attribuée. Ce groupe nous apprend-il que, sous les Hycsos établis en maîtres dans la Basse-Égypte, la civilisation avait déchu? Placé à côté des œuvres d'art qui illustrèrent la douzième dynastie d'une part, et la dix-huitième de l'autre, ce même groupe laisse-t-il apercevoir quelque symptôme de défaillance, et au contraire, n'atteste-t-il pas à lui seul que les Hycsos étaient un peuple policé, ami des lumières, protecteur des arts? En un mot, une tribu de barbares établie sur des ruines produirait-elle des statues comme celle qui vient d'être rendue à nos études? Voilà les questions que le groupe de Sân nous permet

(1) *Revue archéologique* d'octobre 1861.

de résoudre. Ici encore les monuments et les annales égyptiennes sont donc en désaccord. — Je ne dis pas cependant que la civilisation introduite par les Pasteurs en Égypte fut purement et essentiellement égyptienne. D'autres conquérants ont pu, à d'autres époques, imposer leur domination à l'Égypte, et on ne les voit pas sans surprise adopter si complétement les mœurs, les usages, les institutions de leur nouvelle conquête, que ce sont les vainqueurs qui paraissent subir la loi des vaincus. Il n'en fut pas ainsi des Hycsos. Déjà nous avons vu, à propos du groupe de Sân, que ces peuples, tout en se montrant résolûment égyptiens, tinrent cependant à laisser percer à travers les usages nouveaux qu'ils embrassaient comme un souvenir de leur nationalité. D'autres preuves de ce même fait nous sont fournies par les inscriptions découvertes dans le temple d'Avaris. Là, Apophis énonce par son seul titre de soleil, fils du soleil, sa croyance au dogme tout égyptien des dieux qui s'engendrent eux-mêmes; là, l'écriture hiéroglyphique est officiellement adoptée, et avec elle tous les symboles qui font qu'en dehors de la mythologie égyptienne l'usage de cette écriture est impossible; là, par conséquent, la religion de la vieille Égypte était honorée et cultivée. Mais on n'oubliera pas que Sutekh, le dieu national des Hycsos, a sa place à Tanis, non pas seul et debout sur les débris des autels égyptiens renversés, mais associé aux dieux égyptiens eux-mêmes et devenu l'un d'entre eux. Ce que nous pouvons savoir de l'état de la religion sous les Pasteurs nous mène donc à la même conclusion que celle à laquelle le groupe de Sân nous avait conduits. A l'époque des Pasteurs, les formes générales de l'art furent empruntées à l'égyptien, avec un certain mélange de goût asiatique. Il en fut de même de la religion. L'antique culte égyptien fut adopté par les Pasteurs; les dieux égyptiens furent conservés, respectés, adorés, mais on leur associa Sutekh, et encore les Pasteurs y mirent-ils tant de précautions qu'en présentant le nouveau venu ils lui donnèrent, non pas ses traits originaux, mais ceux d'une divinité égyptienne qui devait avoir quelque ressemblance avec lui, et qui d'ailleurs, dès la cinquième dynastie et sous sa forme , avait son temple à Memphis, ce qui résulte d'inscriptions que j'ai récemment trouvées dans l'un des tombeaux de Sakkarah. Les institutions mises en vigueur par les Pasteurs ne furent donc pas franchement égyptiennes. Sans aucun doute, l'Égypte prit la plus large part dans cette civilisation égypto-sémitique; mais au fond de tout ce que nous connaissons aujourd'hui de la culture des Hycsos, on trouvera toujours comme un arrière-souvenir de l'origine

de ces peuples. En somme, autant les colosses de Sân nous ont
montré la conquête des Pasteurs comme une conquête pacifique,
exempte de représailles et de vengeances, autant le groupe nous fait
voir dans les Hycsos des vainqueurs ralliés à l'Égypte, et devenus
égyptiens par les usages, par les arts, par la religion, tout en se sou-
venant çà et là de la mère patrie. Tel est en définitive le résultat général que jusqu'à présent les fouilles de Sân nous laissent entre les
mains.

Ainsi, Monsieur, ce n'est pas en vain qu'en reconnaissant l'identité
de Tanis et d'Avaris, vous aurez inauguré l'ère des découvertes qui
s'opèrent en ce moment à Sân. Le sillon ouvert par vous a été
fécondé, et déjà nos efforts ont été récompensés par une récolte qui
sera bientôt, je l'espère, suivie d'une autre plus abondante encore.

Agréez, Monsieur, l'assurance du profond respect de votre tout
dévoué serviteur.

AUG. MARIETTE.

Après avoir communiqué à l'Académie des inscriptions et belles-
lettres la lettre si intéressante de M. Mariette, j'ai cru devoir faire
quelques observations que je transmets aux lecteurs de la *Revue
archéologique*.

Je crains que M. Mariette ne se soit un peu exagéré l'importance,
au point de vue religieux, du titre de *fils du Soleil*, pris ou accepté
par Apophis. Il peut n'y avoir eu là qu'une mesure politique,
constatant seulement la soumission du sacerdoce égyptien et non
l'adoption d'un nouveau culte. On peut très-bien concilier le respect
des monuments anciens qui faisaient la splendeur d'Avaris au moment où elle devint la capitale des rois Pasteurs, avec les désordres
dont se plaignent les Égyptiens, et qui, dans une mesure plus ou
moins restreinte, que nous révèlera peut-être la suite de nos études,
doivent avoir accompagné les incursions du début et les guerres
sanglantes de la fin de cette domination étrangère. Il existe d'ailleurs, au sujet de la religion d'Apapi, un témoignage positif et que
j'ai mis en lumière depuis longtemps ; c'est celui du papyrus Sallier,
N° 1 (pl. I, l. 2, 3).

Le texte dit formellement « que le roi Apapi avait pris *Sutekh*
« pour son seigneur et qu'il ne servait aucun des dieux du pays
« tout entier. » Ce papyrus, qui nous a fourni des renseignements

inestimables, malgré son état de mutilation, conserve encore quelques phrases qui m'ont permis d'affirmer que le commencement de la guerre entre le prince thébain et Apapi eut pour cause ou pour prétexte une querelle religieuse dont la matière ne peut malheureusement être précisée à cause des lacunes du manuscrit. Je pense donc qu'il faut se garder d'appréciations trop absolues sur la tolérance des Pasteurs et surtout sur leur changement de religion.

Le nouveau cartouche, *nom propre* du roi connu jusqu'ici par son prénom royal, *Ra S-menkh Ka,* me paraît devoir être lu *Mermenwiu* : le second mot est la prononciation la plus habituelle du petit archer .

Je proposerai aussi une conjecture pour la lecture du prénom royal si curieux pris par Apophis. Je ne lui trouve pas un sens saisissable en transcrivant le petit vase par *het,* cœur; mais ce même vase peut être considéré comme représentant ici abréviativement la préposition *heri,* qui signifie *dans, au milieu.* Le nom d'intronisation choisi par Apophis se traduirait alors : *Soleil grand dans les deux mondes,* il constaterait sa souveraineté ou au moins sa suzeraineté sur les deux parties de l'Égypte. Le papyrus Sallier nous atteste en effet « qu'il recevait des *tributs* du pays tout entier « et qu'il était maître de tous les biens de la Basse-Égypte » (*Ibidem,* l. 2). Ces deux phrases me semblent caractériser l'extension et en même temps les limites de sa puissance, au moment où le prince thébain (Ra-skenen, Ta-aa-ken) entreprit la guerre qu'Amosis Ier devait terminer par la prise d'Avaris et par l'expulsion des Pasteurs.

Vicomte E. DE ROUGÉ.

Paris. — Imprimerie PILLET fils aîné, rue des Grands-Augustins, 5.

STÈLE DE L'AN 400

L'intérêt principal de la stèle de l'an 400 se révèle dans le nom même que nous avons donné à ce précieux monument. En effet, personne n'ignore que, jusqu'ici, les inscriptions hiéroglyphiques ne nous ont jamais fait voir une date empruntée, d'une manière apparente, à une ère proprement dite. Soit qu'aucune des légendes cependant si nombreuses que nous possédons ne soit de celles où les renseignements de ce genre étaient consignés, soit que la connaissance d'un calendrier à longue période ait été plus spécialement réservée au sanctuaire, soit qu'une habitude facile à prendre dans un pays où le respect pour l'autorité royale était porté si loin ait poussé l'Égypte à ne préciser les événements que par l'année du roi qui vit ces événements s'accomplir, tous les faits dont les monuments conservent le souvenir sont rapportés à un cycle dont le point initial ne remonte pas au delà de la première année du roi régnant. C'est là une règle qui, jusqu'à présent, ne souffre absolument aucune exception. Une date de l'an 400, transcrite sur un monument hiéroglyphique, constitue donc, à première vue, une anomalie bien faite pour provoquer notre étonnement.

La stèle de l'an 400 doit fixer l'attention par un autre point. M. de Rougé, en effet, a annoncé (1) qu'il y avait trouvé la preuve d'un second fait tout aussi inattendu que le premier : à savoir que Ramsès II, le Sésostris de la tradition grecque, appartiendrait par ses ancêtres à la race maudite des Hycsos.

A ce double titre, historique et chronologique, le monument dont

____

(1) Voy. *Revue archéologique*, février 1864.

nous offrons le texte aux lecteurs de la *Revue*, mérite donc d'être soigneusement étudié. C'est ce que nous allons essayer de faire.

I

La planche gravée, placée en tête de cet article, reproduit une stèle de granit rose découverte, il y a un an environ, dans les ruines du grand temple de Tanis.

Vers l'orient de ce temple est un amas confus de gros blocs entassés. A la disposition générale de l'édifice, on reconnaît que là s'élevait le sanctuaire. Cinq ou six stèles ou tombes, toutes officielles toutes du règne de Ramsès II, y existaient en débris plus ou moins reconnaissables. C'est sur une de ces stèles qu'est gravée la date de l'an 400.

Le monument est divisé en deux registres.

Au premier, Sutekh, le dieu des Hycsos, appelé ici le *Sutekh de Ramsès-Meïamoun* (1), reçoit les offrandes de deux personnages de bout devant lui. Quoique tenant en main la croix ansée et le grand sceptre des divinités de Thèbes et de Memphis, le dieu asiatique est revêtu de son costume national. De la mitre pointue dont sa tête est coiffée s'échappe, pour retomber par derrière, un long ruban ondulé qui se termine en fourche, comme la queue de Set. Par devant à la place de l'uræus, se dressent deux petites cornes dont l'extrémité est également fourchue. Le torse est nu, mais sillonné de bandelettes qui se croisent. Un double caleçon couvre les hanches et les jambes. Quant aux deux personnages qui l'accompagnent, l'un est Ramsès II, casqué et habillé de la longue robe de cérémonie; l'autre est un haut fonctionnaire auquel un reste de légende fait prononcer les paroles suivantes (adoration) : *A toi, Sutekh, fils de Nout ! accorde une vie heureuse pour te servir au noble..., au royal scribe au général de cavalerie, au gouverneur du pays, au commandant de la citadelle de Tsar..... (2).*

Douze lignes d'un beau texte horizontal couvrent encore le second registre, mutilé vers la fin. Au point de vue de la traduction litté-

(1) Comme on trouve autre part l'*Ammon*, le *Phtah*, le *Toum*, l'*Horus de Ramsès-Meïamoun*.

(2) Je me conforme ici à la tradition du *tsadé* hébreu. L'articulation égyptienne qui commence le nom propre que nous écrivons *Tsar* est en effet celle que les Livres saints ont toujours rendue par צ.

rale et de la coupure des phrases, ce texte ne souffre heureusement
aucune difficulté. Le voici tout entier :

§ 1. *Le vivant Horus, le taureau puissant aimant la vérité, le seigneur des panégyries comme son père Phtah, le roi de la haute et de
la basse Égypte,* Ra-ouser-Ma Sotep-en-Ra, *le fils du Soleil,* Ramsès-
Meïamoun, *donnant la vie ; le seigneur de la région supérieure et de
la région inférieure, le modérateur de l'Égypte, celui qui châtie les
nations, le soleil générateur des dieux, celui qui possède les deux
pays, l'Horus vainqueur, le riche en années, le grand par les victoires,
le roi de la haute et de la basse Égypte,* Ra-ouser-Ma Sotep-en-Ra, *le
fils du Soleil,* Ramsès-Meïamoun ; *le roi suprême, celui qui possède les
deux pays par les fondations* (faites) *en son nom ; le soleil brille au
sommet du ciel par ses volontés,* (lui) *le roi de la haute et de la basse
Égypte,* Ra-ouser-Ma Sotep-en-Ra, *le fils du Soleil,* Ramsès-Meïamoun; — *Sa Majesté a ordonné de faire une grande stèle de granit au
grand nom de ses pères, dans le dessein d'établir le nom du père de
ses pères* (et celui) *du roi* Ra-men-Ma, *du fils du Soleil,* Seti-meri-en-
Phtah, (afin que ce nom) *soit noble et prospère pour l'éternité, aujourd'hui comme chaque jour.*

§ 2. *L'an 400, le 4 Mésori, du roi de la haute et de la basse Égypte,*
Sutekh-aa-Pehti, *du fils du Soleil qu'il aime,* Noubti, *l'aimé d'Armachis, celui qui existe pour le temps et l'éternité ;* (ce jour-là) *est venu*
(à Tanis) *le noble, le chef du pays, le flabellifère à la droite du roi,
le général en chef des soldats, le gouverneur des provinces, le commandant de la citadelle de Tsar, le chef des* Matsou (milice étrangère), *le
royal scribe, le général de cavalerie, celui qui sert la fête de* Bi-neb-
tat, *le premier prophète de Sutekh, le* heb (1) *de* Ouadji-ap-to (divi-

---

(1) ⬚ . Traduction douteuse. A Abydos et à Medinet-Abou, des scènes sculp-
tées sur les murs des chambres nous montrent des prêtres immolant des victimes.
Deux d'entre eux dépouillent l'animal et offrent au dieu les parties choisies ; au-dessus
de la tête est le seul titre ⬚ . Nous traduirons donc *sacrificateur.* La lecture du
groupe conduit d'ailleurs à un sens analogue. Le signe ⬚ se décompose, en effet,
en ⬚ dont la prononciation *heb* n'est pas contestée, et en ⬚, qu'il ne faut con-
fondre ni avec ⬚, ni avec ⬚, et dont la lecture *kher* est certifiée par plusieurs
exemples, entre autres par le nom du dican que les hiéroglyphes écrivent
⬚ ⬚
⬚ ✶ et qu'Héphæstion a transcrit Χαρχνουμίς. Or, dans cette lecture
Kher-heb, n'est-il pas possible de retrouver le Χολχυτής des Grecs (KHoL-Heb=ΧοΛ-

nité quelquefois nommée à Edfou), *le supérieur des prophètes de tous les dieux, Séti, ledit juste; fils du noble, du chef du pays, du général des soldats, du gouverneur des provinces, du commandant de la citadelle de Tsar, du royal scribe, du général de cavalerie, Pi-Ra-mesès, ledit juste; engendré de la dame de maison, la vouée au Soleil, Taa, ladite juste. Il dit : Salut à toi, ô Sutekh, fils de Nout, toi qui es vaillant dans la barque des siècles, toi qui renverses l'ennemi à la proue de la barque du soleil! Grands sont tes mugissements....., (accorde) une vie heureuse pour te servir et afin que je me maintienne.....* Le reste de l'invocation a disparu avec la fracture de la pierre.

Tels sont les deux registres dont se compose la stèle de l'an 400. L'un est une sorte de résumé du monument; il en est le titre et le frontispice; il en marque l'intention générale et le but. L'autre, selon l'ordinaire, précise ces détails, et au premier coup d'œil conduit en apparence à la conclusion que nous avons déjà formulée, d'après M. de Rougé. Dans un dessein pieux, et pour perpétuer le souvenir du quatre-centième anniversaire de l'avénement au trône du roi Noubti, Ramsès exalte le grand nom de ce roi, auquel il associe intentionnellement celui de son père Séti. Par la composition de ses deux cartouches, Noubti appartient sans contestation à la dynastie des Pasteurs, et d'ailleurs, en tenant compte d'une métathèse dont les transcriptions grecques offrent quelques exemples, son nom propre se retrouve avec une suffisante exactitude dans le Βηών, Βανῶν, Βνῶν des listes de Manéthon. Ramsès, rappelant, tout à la fois, et le souvenir du père de ses aïeux qui serait un roi Hycsos, et celui de son père Séti, dont le nom semble à lui seul un indice de race, accuse donc son origine étrangère. Nous savons déjà que, mis en déroute par Amosis, les Hycsos n'avaient pas tous quitté l'Égypte, et que plusieurs d'entre eux avaient obtenu du pharaon vainqueur la permission d'occuper, à titre d'hôtes, une partie du Delta oriental. C'est à ces populations asiatiques, cantonnées sur les confins de l'isthme de Suez, que Ramsès appartiendra. Lui-même sera de sang royal et descendra du roi Noubti, de la stèle de Tanis. Quant à la stèle, il l'érigera au grand nom de ses pères, à l'occasion du quatrième anniversaire séculaire de l'accession au trône de son premier aïeul, et tout naturellement il nommera son propre père. Enfin, c'est au centre

---

Χυτής)? Les Cholchytes étaient, comme on le sait, des prêtres chargés plus spécialement, dans l'embaumement des momies, de l'incision des chairs, et leurs fonctions, appliquées au service intérieur des temples, seraient celles de sacrificateurs.

du sanctuaire d'Avaris, c'est-à-dire de la ville où les adorateurs de
Sutekh sont en plus grand nombre, que la stèle sera mise debout.
Les faits, à ne les regarder qu'à la surface, s'enchaînent ainsi à
merveille. Ramsès, en dédiant la stèle, accomplit avant tout un acte
de piété filiale, secrètement inspiré peut-être par la politique. Ne
cherchons donc plus, dans la date de l'an 400, un de ces épineux
problèmes de calendrier sur lesquels il est toujours si délicat de
porter la main. Il y a là une question de chronologie historique et
non de chronologie mathématique. Entre une année inconnue de
Ramsès II et un roi Pasteur appelé Noubti (résultats que les chiffres
de Manéthon ne contredisent point), quatre siècles se sont écoulés.
Nous n'avons rien à demander au delà à la stèle de Tanis, et toutes
les difficultés dont nous pouvions nous croire tout à l'heure menacés
sont par là seul aplanies du même coup.

Mais ce point de vue général est-il celui sous lequel nous devons
définitivement envisager le document que les ruines d'Avaris viennent de rendre à nos études? Je ne le crois pas. Indiquons d'abord
quelques objections.

II

M. de Rougé a vu à Sân (1) les beaux sphinx Hycsos que les lecteurs de la *Revue* connaissent, et tout à côté cette grande tête héroïque
de Ramsès qui, il y a trois ans, m'a fait dire que l'illustre conquérant de la XIXᵉ dynastie n'appartient pas à la famille égyptienne. Ces
deux types sont-ils deux variétés de la même race? Aucunement.
L'Hycsos avait la tête anguleuse, la physionomie dédaigneuse et dure,
les yeux petits, les pommettes saillantes, comme ceux de ses descendants qu'une fortune singulière fait vivre encore aujourd'hui sur les
bords du lac Menzaleh. Les traits de Ramsès sont, au contraire,
calmes, réguliers, et ne respirent qu'une tranquille majesté. Évi-
demment, quand on voit ces monuments couchés l'un près de l'autre
sur le même terrain, on ne peut se faire à l'idée qu'ils représentent
des hommes unis entre eux par les liens du sang. A Tell-el-Amarna,
on dira, à la rigueur, que le fanatique Aménophis IV offre, avec les

(1) Sân devrait être écrit *Tsân* par la raison qui nous a fait écrire *Tsar*, puisque
l'articulation qui commence ces deux noms géographiques est la même. Pour ne pas
introduire une forme inusitée dans un travail qui a surtout besoin de clarté, je me
sers de la transcription la plus généralement suivie.

Hycsos de Sân, quelques traits d'une commune ressemblance. Mais qui osera rapprocher la grande et belle tête de Ramsès II du personnage trapu représenté par le sphinx d'Avaris? La Table de Saqqarah, les deux Tables d'Abydos (1) ont donc raison de nous montrer Ramsès et son père Séti effaçant des listes royales les noms de ces Pasteurs que Manéthon enregistre pourtant comme légitimes. Il y a là un parti pris dont il est difficile de ne pas tenir compte, et, en effet, sans qu'il soit besoin d'autres preuves, un secret instinct avertit que Séti et Ramsès n'auraient pas renié ces rois à Memphis et à Abydos pour les reconnaître à Sân comme leurs aïeux.

Une autre objection se rencontre dans le contexte même et l'arrangement de la stèle que nous analysons. Admettons, pour un instant, que cette stèle soit destinée à témoigner de la parenté de Ramsès, et des rois Séti et Noubti. Sutekh occuperait-il, au premier registre, la place d'attention? Nullement. Un fonctionnaire qu'aucun lien de famille n'attache aux rois nommés, serait-il présent à une scène où Ramsès évoque dans un intérêt généalogique le souvenir de ces rois? Rien ne le fait supposer. Les temples et les musées conservent plus d'un bas-relief où des rois sont représentés faisant un acte d'offrande à leurs ancêtres, et de nombreux exemples nous permettent d'affirmer que si la stèle de Sân était un de ces monuments, nous y verrions au premier registre, comme tableau résumant l'ensemble de la stèle, les images en pied des deux rois Noubti et Séti, et devant elles Ramsès seul dans une des postures de l'adoration. Le second registre lui-même eût pris une allure différente. Au lieu de la trop brève indication : *l'an 400, et le 4 de Mésori, du roi Set-aa-Pehti,* nous aurions eu quelque formule destinée à préciser, avec la netteté habituelle des textes égyptiens, la mention de l'avénement au trône du roi Noubti, quatre siècles auparavant. En outre, quels qu'aient pu être les mots qui auraient servi à l'exprimer (2), cette mention et la date qui l'accompagne n'eussent pas été placées après l'énoncé de l'objet principal de la stèle. Une interversion de lignes aurait eu lieu. *L'Horus vivant, le taureau puissant aimant la vérité, le seigneur des panégyries comme son père Phtah,* etc., aurait dit le texte; puis serait venu : *l'an 400, et le 4 Mésori du couronnement (?) du roi Noubti, Sa Majesté Ramsès ordonne d'élever une stèle au grand nom de ses pères.*

---

(1) De ces deux Tables, l'une est nouvelle et provient de nos dernières fouilles dans le grand temple d'Abydos. Un des prochains numéros de la *Revue* contiendra un travail sur ce monument plus complet et plus intéressant que la Table de Saqqarah.

(2) Voy. par exemple, *Denkm.*, III, 16 et 81.

Enfin, nous trouverons un troisième argument contre l'intention généalogique jusque dans la fameuse date qui, *à priori*, semble fournir les preuves les plus irréfutables en faveur de cette même intention. Ici, quelques explications préalables sont nécessaires. Je les formulerai en ces termes :

1° On sait que, dans leur manière la plus habituelle d'écrire une date, les Égyptiens désignaient l'année par le groupe ⌐⊙, avec le *disque* pour déterminatif. Mais la stèle de l'an 400, à l'exemple de quelques autres monuments, porte ⌐. Il y a donc là une différence à noter. Si nous nous en tenons au résumé présenté par M. Brugsch, dans son récent travail sur le calendrier (1), nous expliquerons cette différence en appliquant à la première année de chaque tétraétéride la seconde des deux formes transcrites plus haut : de cette façon, l'an ⌐ 400 de la stèle de Sân signifierait tout simplement que cette quatre-centième année fut bissextile. Une modification profonde doit, ce me semble, être apportée à l'opinion de l'éminent auteur du livre que nous venons de citer. Si on étudie, en effet, pour un même règne, les années qui portent cette mention, on s'aperçoit que ces années ne sont pas toujours comprises, l'une vis-à-vis l'autre, dans les multiples de 4, tandis que des années qui, si cette notation était exacte, devraient être bissextiles, sont marquées tantôt par ⌐⊙, tantôt à la fois par ⌐⊙ et ⌐ (2). D'un autre côté, ces deux formes ⌐⊙ et ⌐ se distinguent sur les monuments par leur manière différente d'introduire, après la date, le cartouche

---

(1) *Matériaux pour servir à la reconstruction du calendrier des anciens Égyptiens*. Leipzig, 1864.

(2) Comparez Champollion, *Monuments*, t. 2, pl. 115, 116, 118, *Notices descriptives*, p. 162, 252, Lepsius, *Denkm.*, III, 175. Les années qui, au temps de Ramsès II, sont inscrites sur les monuments avec la mention ⌐ sont les suivantes : 30, 34, 37 et 40. On voit de suite que si cette mention se rapportait aux années bissextiles, nour aurions 30, 34, 38 et 42. Nous remarquerons en outre que l'an 34, indiqué comme bissextile à Béghi, à Sehel, à Gebel-Silsileh (voy. plus haut), est non bissextile à Ibsamboul (*Denkm.* III, 196), et que l'an 2, qui, si l'an 30 est bissextile, devrait l'être aussi, porte au contraire ⌐⊙ à Assouan (*Denkm.*, III, 175).

du roi. Avec ⌡⊙, il est bien rare qu'on ne trouve pas les m

sous le commandement de......, suivis de ↓🐇 et mê

du protocole royal complet; au contraire, avec ⌡⊚, ces mots s

invariablement supprimés, et la date précède le cartouche sans a

cune formule intercalaire (1). Déjà nous soupçonnons donc que ⌡

ne s'applique pas aux années bissextiles, et si nous remarquon

1° que cette forme accompagne l'annonce de certaines panégyr

célébrées dans les temples; 2° que l'autre forme ⌡⊙ est toujo

liée à des événements mis visiblement en rapport avec l'ère roy

qui sert à les dater, on conclura, non sans raison, que nous somm

ici en présence de deux années, l'une écrite par le *disque marqué*

l'autre ayant le disque solaire ⊙ pour déterminatif; l'une qui s'a

pellerait l'année *sacrée* ou *religieuse*, l'autre qui serait l'année *roy*

ou *historique*. Une autre preuve de cette distinction se trouve

d'ailleurs, dans le travail même que M. Brugsch vient de consac

au calendrier. Selon M. Brugsch, les Égyptiens auraient employé

la fois, deux années de 365 jours et un quart, pour chacune d

quelles ⌡⊚ désignerait l'année bissextile. L'une était l'année *sacr*

indiquée par le groupe ⟋𝄞 et commençant au lever héliaque

Sirius, c'est-à-dire au 20 juillet. L'autre était l'année *civile*, exprim

par ⌡⸸ et ayant son point initial de 35 à 40 jours après la premiè

de telle sorte qu'à l'époque moyenne de la monarchie, le 1ᵉʳ Th

de l'une correspondait au 28 Épiphi de l'autre. Or, il va résul

---

(1) Voyez Champollion et *Denkm.*, note précédente. La préposition ⊘ q

trouve à Gebel-Silsileh (Champollion, *Mon.*, t. 2, pl. 116, 118) est la marque du

nitif, et la phrase est loin d'avoir le sens qu'elle aurait si le mot essentiel de la

mule ⸸ était exprimé. Selon une autre inscription de Gebel-Silsileh (Champol

Mon., t. 2, p. 119), une 6ᵉ panégyrie a été célébrée en l'an 45 de Ramsès, et on tr

cette fois ⊙⸸ ↓🐇. Mais la date est empruntée à l'année graphi

ment par ⌡⊙.

d'une coïncidence qui n'est certainement pas fortuite que le groupe ⌐☉ sert bien, comme les monuments le démontrent, à écrire les dates du calendrier civil ; mais que l'autre groupe ⌐ est employé, comme nous l'avons établi plus haut, non pas pour les tétraétérides, mais pour toutes les dates tirées du calendrier sacré. En effet, la stèle de l'an 400 porte, on se le rappelle, la date du 4 Mésori. Mais le 4 Mésori *sacré* correspond, si on consulte le tableau de M. Brugsch (1), au 26 Payni *civil*, et le 26 Payni civil, selon une inscription d'Esnéh également rapportée par M. Brugsch (2), est précisément *un jour de nouvel an* d'un troisième calendrier encore inconnu (3), jour pendant lequel, dit le texte auquel ces importants renseignements sont empruntés, *on donnait des vêtements aux crocodiles* (divins). Si maintenant nous nous rappelons, en premier lieu, que la date de l'an 400 est énoncée par un gouverneur de Tsar, en second lieu que Tsar est une ville frontière du Delta oriental, le long de laquelle passait un canal où des crocodiles étaient nourris (le nom du lac *Timsah*, au milieu de l'isthme de Suez, n'a sans doute pas d'autre origine), nous serons forcés de conclure que la coïncidence entre la fête des crocodiles à Tsar et le 26 Payni d'une part, d'autre part entre le 26 Payni et le 4 Mésori de la stèle de Sân, n'est point l'œuvre du hasard. En écrivant l'an 400 et le 4 Mésori, la stèle de Sân emploie donc l'année sacrée, et, par conséquent, ⌐ s'applique à cette année. En d'autres termes, à l'année ⳡ de l'ingénieux auteur du *calendrier* correspond la forme monumentale où la date et le nom du roi sont juxtaposés ; à l'autre année ⳡ s'appliqueraient, au contraire, les dates écrites par ⌐☉, avec intercalation des mots 𓎛𓏏𓏤 ⳡ et même du protocole royal entier (4). Un renseignement dont il faut bien se garder de méconnaître la portée se trouve donc dans la date elle-même gravée à la ligne 7 de la stèle de l'an 400. Ramsès aurait érigé cette stèle pour affirmer devant les habitants d'Avaris sa parenté

---

(1) *Matériaux*, p. 83.

(2) *Matériaux*, p. 22.

(3) Remarquons en passant que le 26 Payni civil oscille entre le 16 et le 20 juin de l'année julienne, et que nous sommes là bien près à la fois du solstice d'été et de la première crue du Nil.

(4) Voyez à l'*Appendice* la note A.

avec Noubti; il aurait, contre toutes les habitudes, interverti l'ordre
des lignes et placé une date après la mention de l'événement que
cette date sert à fixer, que nous ne lirions pas ⸙. A Béghé, à
Sehel, à Gebel-Silsileh, à El-Kab, le disque ☉ est la marque de certaines solennités religieuses célébrées par les princes dont l'année
ainsi notée accompagne les noms; à Sân, ce sera la cérémonie à laquelle un haut fonctionnaire préside qui sera désignée par la date de
l'an 400. Il n'y a donc plus ici d'anniversaire quatre fois séculaire
de l'avénement au trône d'un roi Pasteur, anniversaire qui aurait
exigé l'emploi de ⸙ et l'intercalation d'une formule quelconque
entre la date et le cartouche; il n'y a plus d'intention généalogique.
Faisons de Noubti le père des pères de Ramsès, et immédiatement
le texte qui occupe le second registre de la stèle prend une direction
différente. Non-seulement, comme j'ai essayé de l'établir, l'ordre des
lignes serait changé ; non-seulement l'année *civile* prendrait la place
de l'année *sacrée*, mais on ne se servirait même pas de la date du
4 Mésori, et, après tout, un texte qui ne s'écarterait pas des règles
habituelles, mais où, néanmoins, le rédacteur aurait tenu à faire
figurer l'an 400, serait conçu en ces termes :

§ 1. *L'Horus vivant, le taureau puissant aimant la vérité, le seigneur des panégyries comme son père Phtah, le roi de la haute et de
la basse Égypte, Ramsès.....; l'an* ⸙ *400 et le 26 Payni du couronnement* (?) *du roi de la haute et de la basse Égypte, Noubti.....;
Sa Majesté a ordonné d'ériger une stèle au grand nom de ses pères,
dans le dessein d'établir le nom du père de ses pères et celui de son
père Séti.*

§ 2. *En ce jour* 𓅃𓇳𓈖 *est venu* (à Sân) *le noble, le chef du
pays, le flabellifère à la droite du roi, le général en chef des soldats,
le commandant de la citadelle de Tsar.....,* pour dire : *Salut à toi, ô
Sutekh, fils de Nout !.... etc., etc.*

2° Une tradition, confusément rapportée par le Scholiaste de Platon
et par le Syncelle, attribue à un roi Pasteur, que le premier nomme
Saïtès et le second *Asseth*, une réforme du calendrier égyptien.
Selon le Syncelle, Asseth aurait introduit dans l'année, jusque-là de
360 jours, les cinq épagomènes, assertion que les monuments contredisent, puisqu'on trouve déjà les épagomènes sous la XIIᵉ dynastie;
selon le Scholiaste, Saïtès aurait ajouté douze heures à chaque mois,

c'est-à-dire six jours à l'année, renseignement dans lequel nous apercevons vaguement une mention mal comprise (1) de l'intercalation d'un sixième épagomène après chaque période de quatre ans. Or, ce Saïtès, ou cet Asseth, ne serait-il pas le Noubti de la stèle de Sân? Jusqu'ici nous avons suivi la lecture adoptée par M. de Rougé, et nous avons regardé *Noubti* comme la prononciation du cartouche

. Mais Noubti n'est qu'une forme locale de Sutekh, et ainsi le premier de ces noms n'est point identique à l'autre. Remarquons encore que le nom propre *Noubti-Sutekh* serait composé comme celui d'*Hor-Hout*, d'*Hathor-Noub*, d'*Ammon-Ra*, et d'autres dieux où deux noms concourent à former celui d'un même type divin. Il n'y a donc rien d'impossible à ce que, dans le cartouche qui vient d'être transcrit, les deux parties composantes aient été à la fois prononcées. D'un autre côté, si l'on s'en rapporte aux transcriptions grecques Σαύτης, Ασηθ, Σταάν (*Set-aa*), Σέθως, où le nom divin, écrit par

et , est toujours rendu par les deux consonnes S et T, il faudrait lire *Set* le nom que, jusqu'à présent, nous avons lu *Sutekh*. Le

de , quelquefois remplacé par ◎ et ⊚ (2) ne serait donc pas radical, et, par conséquent, *Noubti-Set* serait la vraie prononciation du cartouche découvert sur le monument de Tanis. Maintenant ne pouvons-nous admettre que, selon les époques et selon les auteurs, un de ces deux noms ait été préféré à l'autre, en d'autres termes que Manéthon ait écrit Βνῶν, le nom propre que le Syncelle écrit Ασηθ et le Scholiaste Σαύτης? Assurément. L'Asseth du Syncelle et le Saïtès du Scholiaste ne seraient donc, en définitive, que le Noubti-Set de la stèle de l'an 400, et ce serait ce Noubti-Set qui, quatre siècles auparavant, aurait fixé le calendrier parmi les populations asiatiques du Delta. Non pas que cette réforme ait atteint en quoi que ce soit le calendrier égyptien. Quand les Pasteurs s'emparèrent de la basse Égypte, il y eut d'abord chez eux une réaction facile à comprendre contre la civilisation des vaincus. Mais bientôt cette civilisation réagit à son tour contre eux. C'est alors que les

---

(1) Peut-être parce qu'elle s'applique à un calendrier encore à découvrir.
(2) Voy. Brugsch, *Géographie*, et Chabas, *Mélanges égyptologiques*, 2e série.

Pasteurs s'égyptianisent, qu'ils sculptent dans le granit de Syène des
sphinx égyptiens auxquels ils donnent des têtes taillées à leur propre
ressemblance, que leurs rois se disent les fils du Soleil ; c'est alors
aussi qu'Asseth réforme le calendrier imparfait apporté de l'Asie. Ce
calendrier ne comprenait sans doute qu'une année de 365 jours.
Asseth prend modèle sur l'année sacrée égyptienne, et à ces 365 jours
ajoute, tous les quatre ans, un jour complémentaire qui, pour lui,
fixe à perpétuité la parfaite concordance des mois avec les travaux
agricoles. A la vérité, cette année n'est que l'année égyptienne sacrée,
sans changement ni altération. Mais les populations qui l'adoptent,
tout en lui laissant la dénomination égyptienne de ses mois, lui atta-
chent, comme un souvenir, le nom du roi qui la leur fit connaître.

Nous avions donc raison de trouver, jusque dans la fameuse date
de l'an 400, un nouvel argument contre l'interprétation qui ferait
de la stèle de Sân un monument généalogique. Ramsès n'est pas le
descendant de Noubti, il n'est pas même de la race des Hycsos. Le
monument d'Avaris serait une sorte de tableau commémoratif de la
prise de possession de la couronne par un roi défunt, ancêtre de
Ramsès, que son allure générale serait bien différente. En outre, il
est certaines formules que ce monument mettrait en usage, d'autres
qu'il repousserait. Malgré l'imposante autorité qui l'appuie, écartons
donc l'intention généalogique, et cherchons autre part les éléments
d'une solution que la stèle elle-même ne contredise plus.

III

L'explication de la stèle de l'an 400 est dans la division de son
texte en deux paragraphes indépendants.

Le premier paragraphe est égyptien, et Ramsès seul y est en scène.
Le protocole du roi, rédigé avec l'emphase ordinaire, en occupe les
quatre premières lignes. Puis vient la phrase sous laquelle se cache
la pensée-mère de la stèle. Cette phrase revêt, à la vérité, une forme
un peu confuse, et, à première vue, il semble difficile d'en rendre
un compte exact. Mais en la rapprochant d'une formule analogue
qui fait partie d'un texte gravé sur le monolithe d'Abou-Seyfeh (1)
on arrive à lui trouver un sens satisfaisant. Là, le roi Séti, fils de
Ramsès I, fait à son tour l'offrande du vin à Horus, seigneur de

____

(1) Voy. **Prisse**, *Monuments*, pl. XIX, 3.

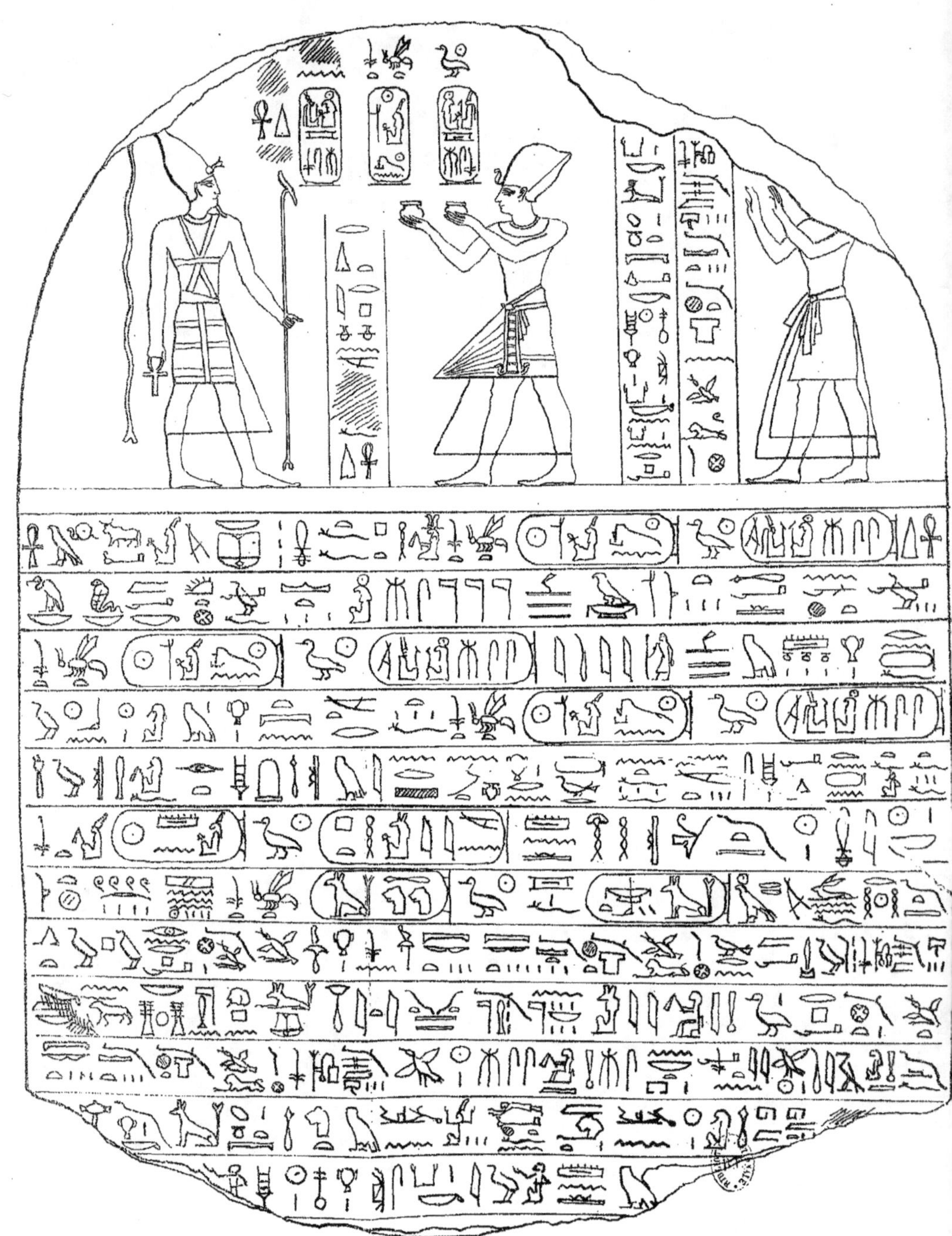

Mesen (1), comme, à Sân, Ramsès II fait l'offrande du vin à Sutekh, seigneur d'Avaris. Mais à Abou-Seyfeh, le texte est plus complet et admet un membre de phrase qui est omis à Sân. *Voici,* dit l'inscription du monolithe, *que Sa Majesté a désiré établir le nom de son père Ramsès I* devant ce dieu, (afin que ce nom) *reste établi pour l'éternité.* Les mots 𓄿𓂝𓏏𓈖 *devant ce dieu* ont donc été supprimés par le rédacteur de la stèle de l'an 400, et, par conséquent, le passage contesté doit être ainsi restitué : *Sa Majesté a ordonné de faire une stèle de granit au grand nom de ses pères, dans le dessein d'établir* (devant Sutekh) *le nom du père de ses pères et celui de son père Séti.* Quelle que soit l'intention de Ramsès en établissant devant le dieu d'Avaris le nom du premier et du dernier de ses aïeux, le sens du monument de Sân devient donc complet, et Sutekh garde, avec le titre de dieu principal de la stèle, son droit à y occuper la place d'attention. Quant à l'objet même que Ramsès a eu en vue en consacrant une stèle sous la formule que nous venons de traduire, il faut, pour le préciser, se rapporter encore ici à d'autres monuments qui ont, avec celui qui nous occupe, une analogie d'origine. Je veux parler de la salle des Ancêtres de Karnak et des deux Tables d'Abydos. Ce qui ressort de l'étude de ces monuments, c'est que l'hommage aux ancêtres est un acte religieux imposé aux rois. A Karnak et à Abydos, Thoutmès III, Séti I et Ramsès II évoquent le souvenir de leurs ancêtres et, faisant un choix parmi eux, leur adressent un hommage collectif. A Sân, la stèle de l'an 400 nous montre le grand conquérant de la XIX° dynastie accomplissant un acte semblable. Seulement, de la longue suite des rois auxquels il succède, Ramsès ne nomme que le dernier, et désigne le premier, Ménès sans doute, par l'expression vague du père de ses pères. Avaris, dernier refuge des Pasteurs pendant la guerre qui se termina si fatalement pour eux, fut prise, on se le rappelle, par Amosis, et replacée par lui sous le joug égyptien. Mais les rois de la XVIIIᵉ dynastie ne s'occupèrent pas de cicatriser les blessures qu'elle paraît avoir reçues pendant le siége, et, en effet, quelque soin que j'y aie mis, je n'ai pu trouver dans les décombres de la ville la moindre trace de ces rois. Avec Ramsès II, au contraire, Avaris sort de ses ruines. Des pylones sont construits, le sanctuaire est relevé, quatorze obélisques sont mis debout, les salles sont ornées de splendides co-

____

(1) 𓄹 . La lecture 𓎛𓈖𓈖 est certifiée par un grand nombre de variantes gravées sur les murs du temple d'Edfou.

lonnes taillées chacune dans un bloc monolithe de près de neuf mè-
tres de hauteur. On dira, sans doute, que la date de cette reconstruction est inconnue ; mais si on se rappelle qu'Avaris fut, pendant
des siècles, le centre du culte de Sutekh ; si on se rappelle qu'en
l'an 21 de son règne Ramsès conclut avec les Khétas, autres adorateurs de Sutekh, un solennel traité d'alliance qui fut mis sous la
protection des dieux des deux pays (Ammon et Phtah d'un côté, Sutekh de l'autre), on sera porté à admettre que c'est à l'époque de cette
alliance et de ce traité que Ramsès rebâtit Avaris, et y établit le culte
de ce dieu mixte auquel le monument de Sân donne le nom de *Sutekh de Ramsès-Meïamoun*. Or, à cette occasion, Ramsès fait graver
une stèle où il est représenté accomplissant, devant le dieu nouveau,
une de ces cérémonies que les lois religieuses imposent aux pharaons. Roi d'Egypte, il s'affirme devant Sutekh de la race des rois
qui ont gouverné l'Égypte avant lui et qui, comme lui, ont été pro-
clamés les fils du Soleil. Il n'y a donc plus là d'intention généalogique dans le sens strict du mot. La formule perd de la précision
qui lui avait été attribuée, et, en définitive, le premier paragraphe
du second registre de notre stèle n'a qu'une portée religieuse, la
seule que nous puissions reconnaître à des monuments qui, comme
les listes de Karnak et d'Abydos, comme le monolithe d'Abou-Seyfeh,
nous montrent des rois s'ajoutant officiellement à la liste de leurs
prédécesseurs et se proclamant eux-mêmes, devant un dieu, comme
leurs légitimes descendants.

Au second paragraphe, Ramsès disparaît, et nous n'avons plus
affaire qu'au gouverneur de Tsar. Cette fois, le texte prend un autre
tour, et nous ne pouvons nous empêcher d'y constater l'influence
d'une certaine infiltration d'idées asiatiques. Le renouvellement
d'une année inconnue amène à Tsar la fête des crocodiles sacrés,
peut-être des crocodiles *Mako*, fils de Set (1) ; une autre fête, celle de
la cérémonie d'adoration aux ancêtres, doit être célébrée devant ce
même dieu Set, à Sân. Rien d'étonnant, par conséquent, à ce que les
deux solennités soient accomplies le même jour. Mais, à Tsar, la
panégyrie des crocodiles appartient à un calendrier où cette panégyrie est liée au premier jour de l'an ; à Sân, au contraire, la fête de
Set prend sa place dans le calendrier religieux suivi pour les fêtes
de ce genre. La stèle d'Avaris n'écrira donc ni le 26 Payni, ni même
le 1ᵉʳ Thoth ; elle écrira le 4 Mésori, qui est la vraie date sacrée de
l'inauguration qu'elle rappelle, et elle emploiera l'an ⟨⟩ . Quant à

(1) Chabas, *Papyrus Harris*, p. 37, 88, 90.

l'an 400 du roi Noubti, on expliquera la dérogation à la règle que suppose cette date en se reportant aux lieux où la stèle a été gravée. Qu'était, en effet, la ville de Tsar? M. Brugsch la place aux bords du lac Timsah et l'assimile à l'Héroopolis des Grecs. Quelque opinion qu'on embrasse sur cette identification, il est certain que Tsar fut capitale du nôme et était une ville frontière placée sur l'extrême limite de l'Égypte, du côté de l'Asie. N'oublions pas, d'un autre côté : 1° que la forme franchement sémitique de son nom indique une ville sinon de fondation étrangère, au moins occupée par une population de race non égyptienne, présomption que fortifie la pré-

sence constante du *bâton des étrangers* ⌉, placé après le groupe qui

sert à écrire son nom ; 2° qu'il résulte des témoignages combinés de la Bible, des papyrus, et des monuments déjà sortis des fouilles de Sân, que cette partie du Delta oriental était, depuis le temps d'Amo-sis et principalement sous Ramsès II, occupée par des tribus sémiti-ques auxquelles la politique des pharaons abandonnait une partie du sol égyptien. Le gouverneur de Tsar résidait donc au chef-lieu d'une province où l'élément asiatique dominait. Ces étrangers, bien que sujets égyptiens, n'avaient pas complétement oublié leurs tradi-tions nationales, et une de leurs tribus, celle des Hycsos, s'était si peu laissé absorber par les vainqueurs que jusqu'à Méhémet-Ali, ses descendants ont énergiquement refusé certains impôts, et qu'au-jourd'hui encore on les entend avec surprise se vanter de n'être pas de la race des pharaons. Pourquoi donc ne verrions-nous pas une date écrite par un gouverneur de Tsar prendre une forme qui n'est pas absolument celle des dates enregistrées par les fonctionnaires égyptiens? Jusqu'ici les monuments datés, trouvés dans la zone sé-mitique de la basse Égypte, sont si rares que la stèle de Sân peut être citée comme un exemple unique; qui sait ce que seraient les dates révélées par d'autres monuments et en quels termes elles se-raient conçues? En thèse générale, l'an 400 du roi Noubti consti-tuerait à Thèbes et à Memphis un problème si extraordinaire qu'on peut douter qu'il se présente jamais : la solution du problème nous inquiète moins à Avaris et à Tsar. Là, des populations étrangères qui vivent avec une sorte d'autonomie dans les plaines de la basse Égypte peuvent avoir conservé, parmi d'autres institutions, celle de leur calendrier national. Quatre cents ans auparavant, un de leurs rois avait doté ces populations d'une forme d'année régulière. Notre stèle célébrera le quatrième anniversaire séculaire de cet événement. A quelque point de vue que le gouverneur de Tsar se place, il fera

d'ailleurs un acte de bonne politique en rappelant, devant les adorateurs de Sutekh qui peuplent Avaris, le souvenir d'un personnage
qui, à un titre quelconque, leur était précieux. La date de l'an 400
trouve ainsi sa plus naturelle interprétation. Inexplicable en dehors
du Delta, elle n'a plus rien qui nous embarrasse du moment où
nous nous rappelons sa découverte au milieu des ruines d'Avaris.
Égyptienne dans la première partie de son texte, elle devient, à la
seconde, égypto-asiatique comme les populations auxquelles elle est
destinée.

En résumé, le jour est maintenant fait sur la stèle de l'an 400.
Une fête à Sutekh est célébrée dans la province dont Tsar est la capitale et dont probablement Avaris faisait partie. En ce jour de fête,
deux personnages viennent rendre leurs hommages au dieu. L'un
est Ramsès qui présente ses ancêtres à Sutekh, l'autre est le gouverneur lui-même de la province, qui, plus modeste, fait un simple pro-
scynème à la divinité dont la stèle porte le nom. Mais ce gouverneur
a une occasion de faire revivre devant ses administrés un de leurs
souvenirs nationaux ; pourquoi ne la saisirait-il point? Dans l'intention de ceux qui l'ont érigée, la stèle de l'an 400 n'a donc rien à
faire directement avec le calendrier. Elle emploie l'année sacrée,
parce que la cérémonie qu'elle rappelle a sa date dans l'année sacrée ;
elle écrit l'an 400 et le roi Noubti, parce que, précisément 400 ans
avant, le roi Noubti avait doté de l'année sacrée les populations
étrangères auxquelles la stèle était destinée. En ce qui regarde la
généalogie de Ramsès, il faut également, je crois, renoncer à trouver
dans le roi Noubti le premier ancêtre du conquérant de la xixe dynastie. Ramsès installe Sutekh sur ses autels restaurés ; selon un
usage dont on a d'autres exemples, il se fait reconnaître par lui
comme le légitime successeur des pharaons. Mais choisir parmi eux
et en dresser une liste d'apparat comme à Abydos et à Karnak, c'est
s'exposer, en passant par dessus les rois Pasteurs, à faire remarquer
précisément par ceux auxquels la stèle s'adresse que leurs rois nationaux sont intentionnellement omis dans la série des souverains
légitimes du pays. Ramsès parlera donc, sans y trop appuyer, du premier et du dernier d'entre eux, et c'est Ménès et Séti qu'il présentera
pour tous les autres à Sutekh. La date de l'an 400, qui, dès l'abord,
se plaçait entre la stèle et nous comme un obstacle impossible à
franchir, devient ainsi le flambeau qui nous sert à distinguer la
vraie signification du monument. Les ruines de Tanis nous ont déjà
livré des sphinx à face humaine, admirables spécimens d'un art que
des peuples étrangers, soumis à une influence égyptienne, ont pu

seuls produire : dans son ensemble la stèle de l'an 400 n'est pas, en définitive, plus extraordinaire qu'eux. (Voyez à l'*Appendice* la note **B**.)

J'aurais voulu depuis longtemps ajouter la stèle de l'an 400 aux monuments que j'essaie de faire connaître aux lecteurs de la *Revue*. Mais il n'est personne, je pense, qui n'y regarde à deux fois avant d'émettre une opinion qu'on sait déjà ne pas être celle de M. de Rougé. En pareil cas on hésite, puis on finit par se risquer en sollicitant tout à la fois l'indulgence du lecteur, et celle de l'illustre auteur de l'*Inscription d'Ahmès*.

Aug. MARIETTE.

Béni-Souef, 28 novembre 1864.

APPENDICE

NOTE A. Voyez page 9. — Cette distinction est fondamentale. Peut-être des preuves plus nombreuses seraient-elles nécessaires pour établir l'unité de l'année que nous croyons représentée à la fois par [hiéroglyphe] et [hiéroglyphe]. Mais l'assimilation de [hiéroglyphe] à [hiéroglyphe] est certaine, et comme [hiéroglyphe] est l'expression graphique d'une forme d'année intimement liée au lever de l'étoile Sothis, on voit par là que l'année mise en usage par la stèle de Sân sera justement appelée l'*année Sothiaque*.

Les monuments lui donnent pourtant un autre nom. On sait que le phonétique de [hiéroglyphe] ou [hiéroglyphe] est [hiéroglyphe] *Sep*, dont le sens *fois, vices*, n'est pas douteux. D'un autre côté des monuments de toutes les époques nous font connaître un groupe [hiéroglyphe] qui est constamment mis en rapport avec le calendrier et dont la traduction : *première fois*, est également hors de contestation. Si le disque [hiéroglyphe] de [hiéroglyphe] est celui qu'on retrouve dans [hiéroglyphe], l'un des monuments où ce disque joue le premier rôle sera ainsi *l'an de la première fois*. Or cette expression s'applique à des idées cosmogoniques sur lesquelles il serait inopportun de nous étendre. L'an de la *première fois*, c'est l'an de la première apparition du soleil et des étoiles. Le jour où le soleil et les étoiles, sous l'effort du démiurge, sortent de la nuit primordiale, les années sont comptées. Ces trois groupes ⳡ, ⊙▼,

ⳡ sont les trois expressions monumentales (qui varient selon l'application qu'on veut en faire) de la véritable année naturelle (1).

On remarquera du reste qu'aucun des exemples cités par M. Brugsch, dans ses *Matériaux*, ne contrarie cette manière de voir. A la page 78, il dit d'Horus : *Horus, le bienfaisant, créé à l'année Sep*, c'est-à-dire à l'origine de l'année sacrée, et les mêmes termes s'appliquent à Thoth. L'expression ⳡ (p. 77) signifiera *un million d'années sacrées*. Le groupe ⊙▼ qui, dans l'origine, désigne *l'an de la première fois*, s'applique aussi, dans un sens plus restreint, au premier jour de cet an et devient, par conséquent, un terme connexe à ⳡ. La phrase ⊙▼ qu'on trouve non-seulement sous Apappus, mais sous Ousertasen I (obélisque d'Héliopolis), sous Thoutmès III et sous Ramsès II, ce qui exclut toute idée de renouvellement d'une ère à longue période, signifiera donc : *an de la première fois* (c'est-à-dire au premier jour de l'an sacré), *célébration d'une panégyrie*. Les tableaux commémoratifs de Béghé, de Sehel, de Gebel-Silsileh, se traduiront de même : *au 30 sacré, année de la première fois* (c'est-à-dire au premier jour de cette année), *célébration des panégyries; au 34 sacré, deuxième célébration des panégyries; au 37 sacré, troisième célébration des panégyries*, etc., et il sera dit des deux obélisques de la reine Hatasou, à Karnak, qu'ils ont été érigés ⊙▼, ce qui signifie que la fête de leur érection a coïncidé avec le premier de l'an sacré (2).

Un curieux passage d'Horapollon, signalé par M. Brugsch (p. 74), vient à l'appui de ces observations. « Si les Égyptiens, dit Horapollon, veulent « représenter en écriture l'*année future* (ἔτος τὸ ἐνιστάμενον), ils peignent *le* « *quart d'une aroure*, l'aroure étant une mesure terrestre de cent coudées. « S'ils veulent dire *année* (ἔτος), ils se servent de l'expression *le quart*, puis- « qu'on ajoute, comme ils prétendent, d'un lever de l'étoile Sothis jusqu'à

____

(1) *Schou* est le dieu qui supporte la voûte du ciel où circulent le soleil et les étoiles. Aussi est-il nommé *le dieu de l'année Sep*.

(2) Effectivement, l'obélisque ayant été achevé le 30 Mésori et la fête de l'inauguration ayant eu lieu le 1ᵉʳ Thoth, il n'y a entre ces deux événements que les cinq épagomènes. Nouvelle preuve de l'excellence de notre interprétation du groupe ⳡ.

« l'autre lever, le quart d'un jour pour en faire l'*année du dieu* (τὸ ἔτος τοῦ « θεοῦ), composée de 365 jours et un quart. » Sur les parois du tombeau de Ti, à Saqqarah, le *champ* du défunt est exprimé par le mot ▮ ⊛ (quelquefois avec *quatre points* dans le cercle), et les bas-reliefs du tombeau de Ptah-hotep, au même lieu, rendent ce mot par ▮ ⊙ (Cf. *Todt.* ch. 110, lig. 18, etc.). Qui ne voit dans ⊙ ce qu'Horapollon, confondant le double sens *champ* et *fois* de ce signe, appelle l'*aroure?* Qui ne devine dans ⌡⊙ ou ⊙ ▯ l'*année du dieu* de cet auteur?

En terminant cette note, je m'empresse de faire remarquer que les questions de détail qui viennent d'être soulevées ne diminuent en rien la valeur des beaux résultats consignés par M. Brugsch dans ses *Matériaux.* La tentative hardie que M. Brugsch avait faite autrefois sur la géographie vient d'être renouvelée par lui sur le calendrier. Selon le système exposé par le savant prussien et modifié par les observations qui précèdent, les Égyptiens auraient employé simultanément plusieurs formes d'années, et ils auraient principalement fait usage de deux de ces formes, comprenant toutes deux des années fixes de 365 jours et un quart. L'une, d'un emploi très-rare, est l'année sacrée, qui répond sur les monuments à ⍦ ; l'autre, très-fréquente, est l'année civile, que représentent ⌡⊙ et conjecturalement le groupe ⌡▯. La première commence au lever héliaque de Sothis ; le 1ᵉʳ Thoth de la seconde est une quarantaine de jours plus tard. L'une est surtout datée au moyen de ce que M. Brugsch a appelé les *éponymies;* l'autre ne comprend que les mois comptés par tétraménies. Enfin l'année dont le commencement est écrit ⍦, est celle que les monuments nomment d'une manière générale ⊙ ▯ et qui, adaptée au calendrier, nécessite l'emploi de ⌡⊙ ; elle est ainsi l'année par excellence, et le cercle ⊙ qui sert à écrire le mot *fois* en symbolise les révolutions. Quant à l'année ⌡▯, elle sera, dans le cas où ⌡⊙ s'y appliquerait, la *première année* historique ; elle sera, par opposition à l'*année du dieu*, l'année civile, contemporaine du premier roi. Dans aucun de ces calendriers, les monuments (autant du moins que nous savons les interpréter) ne signalent d'ailleurs les années bissextiles à notre attention.

Telles sont les deux seules formes d'années que, jusqu'à présent, les inscriptions hiéroglyphiques nous aient fait connaître.

Note B. Voyez page 16. — Cet article était rédigé, mis au net et prêt à être expédié à la *Revue* quand le numéro de décembre de ce recueil m'a apporté le Mémoire publié par M. Vincent sous le titre d'*Observations relatives à la note de M. le vicomte de Rougé sur le calendrier et les dates égyptiennes* (*Revue archéologique*, p. 488).

Je n'ai pas besoin de dire que j'ai lu le Mémoire de M. Vincent avec toute l'attention qu'il mérite; mais j'ai le regret d'ajouter qu'après un nouvel examen des questions, je regarde comme impossible de donner raison au savant académicien, soit sur le sens propre de la stèle de l'an 400, soit sur les données chronologiques qu'on en peut tirer. Les textes égyptiens ont, sur ces deux points, toute la précision désirable. Au risque de quelques redites, j'y vais revenir en aussi peu de mots que possible.

Les monuments nous font connaître un groupe ⊙🦅 qui, dans son ensemble, désigne un grand cycle qu'on pourrait appeler l'*ère du monde*, et qui, dans un sens plus restreint, s'applique aux années de ce cycle. Les dates prises dans cette année sont exprimées par 〔⊙〕. Ce que M. Brugsch appellerait l'éponymie de cette même année est écrit 〔〕. C'est l'*année sacrée*. — Qu'elle commençât avec le lever héliaque de Sothis, à l'époque où l'Égypte fêtait, non la première crue réelle du Nil, mais sa crue en quelque sorte constatée et officielle, rien n'est plus évident et on en trouvera la preuve non-seulement dans les écrivains grecs et latins, mais encore dans les textes hiéroglyphiques. *Tu te lèves rayonnant comme Isis-Sothis au firmament le matin du commencement de l'année sacrée* (〔〕), dit une inscription gravée sur les murs du Ramesséum, à Thèbes (*Matériaux*, p. 29). A ces preuves et à d'autres qu'énumère M. Brugsch, je joindrai les deux suivantes. A Denderah, on dit d'Hathor : 〔⊙〕 *elle fait venir l'eau du Nil au commencement de l'année sacrée*, et autre part : *l'eau du Nil arrive* 〔⊙〕 *au temps de l'année sacrée* (1). L'année ⊙ sera donc l'année caniculaire des anciens, celle qui, au témoignage de Strabon, d'Horapollon, de Dion Cassius, de Pline, était composée de 365 jours et un quart et servait à former la période embolismique de quatre ans. Nous trouvons cette année en usage dès le règne d'Apappus, et rien ne fait soupçonner qu'elle n'ait pas été instituée plus tôt.

Parallèlement à l'année *sacrée* marchait l'année *civile*, ou *historique*. Quand les Égyptiens employaient cette seconde année, ils en avertissaient

____

(1) Horapollon prétend en effet que les Égyptiens, voulant désigner l'*année*, peignaient un *vautour*.

en écrivant la date, non  mais . Celle-ci n'avait aucun rapport avec Sothis, et son point d'attache est inconnu. Ce que nous en savons, c'est que d'Apappus à Auguste, c'est-à-dire en 30 ou 35 siècles, son 1er Thoth s'est déplacé de trois jours par rapport au 1er Thoth sacré. Il résulte en effet de l'étude des monuments que, sous Apappus, le 27 Epiphi de l'année civile correspondait au 1er Thoth de l'année religieuse, et que sous Thoutmès III le lever de Sothis, je veux dire ce même 1er Thoth, tomba le 28 Epiphi. Si, comme il est probable, la fête mentionnée dans l'inscription qui nous fournit ce nouveau renseignement est la première des fêtes qu'on célébrait pendant cinq jours à Ammon, nous trouverons à la xxie dynastie le 29 Epiphi en concordance avec cette fête, dont le commencement se célèbre précisément encore le 1er Thoth. Enfin nous lisons dans Horapollon que *le monde a été créé le* 29. Quel est le sens de cette affirmation? Ne s'agit-il pas ici du 29 Epiphi, et par cette date qu'il emprunte au calendrier civil Horapollon ne désigne-t-il pas le 1er Thoth correspondant de l'année sacrée? autre preuve de la justesse de nos observations sur le sens du groupe  l'*année de la première fois*, l'*année de l'apparition du monde?* En d'autres termes, au temps voisin de l'ère chrétienne, le 29 Epiphi n'était-il pas pour cette époque ce que le 27 du même mois avait été pour Apappus? A la rigueur, nos deux années, sacrée et civile, ne se sont donc pas toujours maintenues dans un parallélisme constant, et quand, pour des raisons inconnues, le 1er Thoth de l'année civile restait immobile, le 1er Thoth de l'année sacrée avançait en trente siècles de trois jours, ce qui nous montre que le 1er Thoth était, non pas un jour théorique, mais un jour fixé d'après l'observation réelle de Sothis. Quoi qu'il en soit, en même temps que l'année *Sep*, les Égyptiens employaient une seconde année plus spécialement réservée aux usages civils et tout aussi fixe que l'autre. Si l'année *Sep* commence au 20 juillet, celle-ci aura son point initial, sous Auguste, au 29 août, et c'est ainsi qu'elle deviendra le type de l'année Alexandrine. Quant à la question de savoir si le groupe  s'applique à cette année historique comme  s'applique à l'année divine, nous ne possédons encore aucune preuve tirée de l'interprétation des légendes gravées sur les monuments qui nous permette de nous prononcer définitivement dans un sens ou dans l'autre.

En somme, les deux années qu'on rencontre sur les monuments, je devrais dire les deux seules années que nous connaissions jusqu'à présent, sont toutes deux fixes et ne diffèrent que par leur commencement. Par conséquent, il n'y a pas d'années vagues de 365 jours; il n'y a pas d'ère sothiaque. Non pas que cette ère n'ait pas été usitée par les Égyptiens; mais nous ne l'avons pas encore trouvée. Si l'Égypte a connu l'année de 365 jours et un quart, à plus forte raison l'année de 365 jours lui a-t-elle été révélée. Toute la question est de savoir si elle en a conservé l'usage. En ce qui regarde la stèle de l'an 400, nous aurions tort de lui demander des renseignements qu'elle ne peut pas nous donner. Au lieu d'être empruntée au calendrier sacré, la date qu'elle porte serait tirée de ce calendrier à l'usage de tous, calendrier que nous avons appelé calendrier civil, que nous n'aurions encore rien à y découvrir. Il est acquis maintenant à la science que dans tous nos calculs pour asseoir les dynasties, nous avons 400 ans à compter entre une année inconnue de Ramsès II et une autre année inconnue d'un roi pasteur appelé Noubti ; rien au delà (1).

Je terminerai par une dernière observation.

On a vu que les deux cartouches attribués à un roi, d'ailleurs nouveau, qui appartient à la dynastie des Pasteurs, sont composés assez singulièrement avec les seuls noms et titres du dieu Sutekh. Mais ces cartouches ne seraient-ils pas ceux du dieu Sutekh lui-même, considéré alors comme dynastie, et prenant, à la manière d'Osiris et d'autres dieux, le cartouche et le titre de roi de la Haute et de la Basse-Égypte? L'an 400 de Noubti serait alors l'an 400 du dieu Sutekh, et Sutekh jouerait ici, par rapport au commencement de l'année sacrée des Asiatiques du Delta, le rôle que joue Phrè par rapport au commencement de l'année sacrée des Égyptiens. En un mot, la stèle de Sân serait datée, comme d'autres monuments, de l'*ère du dieu*, avec cette différence que le dieu serait ici Sutekh. En vain dira-t-on que les monuments ne nous montrent jamais un dieu *aimé par un autre dieu*, et que la stèle donne à Noubti le titre d'*aimé d'Armachis*, ce qui prouverait que ce nom propre est celui d'un roi : à cela je répondrai que sur un des murs du temple de Chons à Thèbes, on trouve une représentation où ce même Dieu Noubti est nommé l'*aimé du soleil* (*Denkm.*, III, 246). A l'interprétation résumée ci-dessus, il faudrait donc substituer celle-ci, qui tout au moins a l'avantage d'être simple et de nous expliquer le *disque marqué* qu'on trouve quelquefois après le nom de Sutekh. Remarquons bien cependant : 1° que la légende royale est suivie des mots : *celui qui existe pour le temps et l'éternité*, qui ne s'appliquent jamais à un dieu ; 2° que, bien qu'un nom de dieu enfermé dans un cartouche avec l'*abeille* et le *roseau* pour préfixe soit fréquent, jamais on ne trouvera un dieu prenant les *deux* cartouches et se donnant le titre de *fils du soleil qu'il aime*. Les noms et titres *Set-aa-pehti Noubti-Set* n'appartiendraient, par conséquent, à un dieu, que si la stèle de Sân nous donnait cet ensemble

(1) Je relis mon travail, écrit un peu à la hâte sur un bateau en marche, et je m'aperçois que la question de l'*hommage aux ancêtres* est partout confusément traitée. Tantôt Ramsès se fait reconnaître par Sutekh comme le descendant des rois qu'il désigne; tantôt il présente ces mêmes rois au dieu; tantôt c'est à eux qu'il adresse ses prières. Le vrai sens de la dédicace est compris dans la formule même qu'emploie la stèle : Ramsès établit devant Sutekh le nom de ses prédécesseurs afin que ce nom, par la vertu du dieu, reste stable pour l'éternité. J'aurai du reste occasion de revenir sur ce point en traitant bientôt de la nouvelle Table d'Abydos.

dans un seul cartouche; si elle faisait précéder ce cartouche du seul titre de *roi de la Haute et de la Basse-Égypte;* si elle supprimait les mots : *celui qui existe pour le temps et l'éternité.* Toute tentante qu'elle soit, il faut donc, en résumé, renoncer à l'attribution des deux cartouches de Sân au dieu national des Hycsos.

AUG. MARIETTE.

Paris. — Impr. de PILLET, aîné, rue des Grands-Augustins, 5.

9 782013 365024